GUISE
AU XVIIIE SIÈCLE

D'APRÈS LES MÉMOIRES

DE I.-M. CROMMELIN

DE SAINT-QUENTIN

COMMUNICATION FAITE A LA SOCIÉTÉ ARCHÉOLOGIQUE DE VERVINS

PAR M. LE BARON J. PICHON

PRÉSIDENT DE LA SOCIÉTÉ DES BIBLIOPHILES FRANÇAIS, MEMBRE CORRESPONDANT

VERVINS

TYPOGRAPHIE & LITHOGRAPHIE DE A. FLEM.

MDCCCLXXIII

GUISE

AU XVIIIe SIÈCLE

D'APRÈS LES MÉMOIRES

DE I.-M. CROMMELIN

DE SAINT-QUENTIN

COMMUNICATION FAITE A LA SOCIÉTÉ ARCHÉOLOGIQUE DE VERVINS

PAR M. LE BARON J. PICHON

PRÉSIDENT DE LA SOCIÉTÉ DES BIBLIOPHILES FRANÇAIS, MEMBRE CORRESPONDANT

VERVINS

TYPOGRAPHIE & LITHOGRAPHIE DE A. FLEM

MDCCCLXXIII

TIRÉ A CENT EXEMPLAIRES NUMÉROTÉS
ET DIX SUR PAPIER VERGÉ
N° 4.

Les curieux récits qu'on va lire et dont l'intérêt pour la Thiérache ne saurait être méconnu, sont tirés d'un volume très-rare, et qu'on pourrait qualifier d'inconnu, si M. le baron Devisme n'en avait pas révélé l'existence dans son *Manuel historique du Département de l'Aisne*.

Je veux parler des *Mémoires de I.-M. Crommelin* (de Saint-Quentin), *le dernier de sa race en France (sic)*, imprimés, à ce qui semble, en 1808; je dis à ce qui semble, car mon exemplaire est sans titre. Or le titre étant d'ordinaire la portion du livre qui s'imprime en dernier lieu, et l'impression du volume n'étant pas terminée, puisqu'elle s'arrête au milieu d'une page en laissant une phrase inachevée (1), on est fondé à croire que les exemplaires qui peuvent exister de cet ouvrage (2) sont aussi sans titre. Il est à regretter que M. Devisme, qui a eu sous les yeux un exemplaire de ce livre, ne l'ait pas décrit bibliographiquement (3).

M. Devisme a parlé de la famille de Crommelin, très-connue dans la ville de Saint-Quentin, à la prospérité de laquelle Armand Crommelin, originaire de Courtray contribua puissamment.

Quant à notre I.-M. Crommelin, il naquit en 1730 à Saint-Quentin. Un amour-propre très-développé, mais dont nous n'avons pas droit de nous plaindre puisque nous lui devons un livre curieux, l'a porté à nous ra-

(1) Aux trois-quarts de la p. 218. *Il me reste à parler (sic)*.

(2) Crommelin nous apprend, p. iij, qu'il a dû en faire tirer une quarantaine d'exemplaires.

(3) Les mémoires de Crommelin forment 1 vol. in-8°, de v pages (la vie blanche) d'introduction, et de 218 pages de texte, de 39 et 40 lignes à la page.

conter avec détail bien des circonstances de son enfance qu'il est inutile de mentionner ici. Ce même amour-propre fait qu'il s'attribue une sorte d'importance et d'infaillibilité, par suite de laquelle il a toujours tout su, tout prévu, tout arrangé; qu'il est le centre de tout ce qui se passe autour de lui. Mais en tenant compte des exagérations et même des inexactitudes qui existent dans ses récits, on doit reconnaître qu'il était observateur attentif, et fort adroit, en même temps que très-honnête.

Des voyages en Angleterre et en Hollande faits dans sa première jeunesse (en 1747, p. 23), avaient dû contribuer à développer son esprit. Il se maria en 1755, avec une jeune personne dont il n'a pas dit le nom (1), mais qui était petite-nièce de M. Perrinet, doyen des fermiers-généraux. Il n'en eut qu'un fils né après dix-sept mois de mariage, et mort à six ans (p. 39). A la mort de cet enfant, il adopta un neveu de sa femme. Au reste, cette dernière paraît très-rarement dans ses *Mémoires*. Grâce à son mariage, il obtint un entrepôt de tabac à Autun. Il n'y emmena pas sa femme pour ne point l'enlever à sa belle-mère, très-délicate, et à une tante très-âgée (p. 53), et y resta dix-huit ans.

Crommelin raconte que lorsqu'il arriva à Autun, la ville était menacée par Mandrin, et il parle comme témoin oculaire de l'invasion de cette ville par Bras-de-Fer, lieutenant de Mandrin. Cette circonstance nous donne le droit de nous défier en général de sa véracité. En effet, il dit, p. 1re, qu'il était né en 1730, p. 38, qu'il se maria à vingt-cinq ans, par conséquent en 1755; il raconte, p. 39, qu'il fit vingt mois après son mariage un voyage en Angleterre, et qu'au retour de ce voyage, il vit son fils sur les bras de sa nourrice, par conséquent en 1757. Il se passe encore avant sa nomination à Autun bien des petits événements qui doivent faire reporter à 1759 ou 60 son arrivée dans cette ville. Dans tous les cas, il ne pouvait y être en 1755, et c'est le 10 mai de cette année que Mandrin fut pris et sa bande dispersée. Il n'a donc pas dit la vérité quand il raconte, p. 56, qu'on délibéra à Autun, devant lui, sur la question de savoir si l'on devait

(1) Il dit, p. 38, que sa belle-mère, liée avec Raynel, et d'une famille normande de Caen, s'appelait D. L. F.

empoisonner la bande de Mandrin; et s'il n'a pas dit vrai cette fois, on doit croire qu'il en est de même en d'autres endroits de ses *Mémoires*.

On peut en dire autant de ce que raconte Crommelin d'une visite qu'il fit à M. de Vergennes à son retour de Suède, et alors qu'il venait d'être nommé ministre des affaires étrangères, c'est-à-dire en 1774, visite dans laquelle M. de Vergennes lui aurait offert une place de secrétaire de légation à Boston. Or, en 1774, il n'y avait pas de légation française à Boston. Crommelin ajoute qu'il avait à cette époque cinquante ans; puisqu'il était né en 1730, il n'en aurait eu que quarante-quatre. Faudrait-il reporter cette histoire à 1780 ?

Il reste dix-huit ans à Autun (1), et le récit de ce qu'il a vu et fait pendant ce séjour est peut-être la partie la plus intéressante de ses *Mémoires*. En quittant ce poste, M. Necker, qui connaissait la famille de la femme de Crommelin, donna à celui-ci la direction du grenier à sel de Guise (je pense que ce fut en 1778). Il y resta jusqu'en 1790 ou 1791 qu'il fût envoyé à Saint-Germain-en-Laye. Là, luttant avec courage contre une municipalité révolutionnaire et dilapidatrice, il fut arrêté et emprisonné.

Le récit de sa captivité est fort curieux. Il avait pour compagnon de prison Mme de Bourdic-Viot dont on a de jolis vers, Rouget de Lisle, etc. Il se tira habilement d'affaire et paraît s'être fixé à Saint-Germain. Ses *Mémoires* s'arrêtent à cet endroit, mais M. Devisme nous apprend qu'il mourut en 1825, âgé de quatre-vingt-cinq ans. Comme il dit dans ses *Mémoires* qu'il avait soixante-dix-huit ans quand il les fit imprimer, nous devons penser qu'ils furent mis sous presse en 1808.

Maintenant donnons lui la parole.

(1) En 1778, il avait versé un cautionnement (p. 199); comme on ne peut attribuer à cette année sa nomination à Autun, il est très-probable que ce cautionnement fut donné pour l'emploi de Guise, et cette circonstance confirme encore son arrivée à Autun en 1759 où 1760, puisqu'il n'alla à Guise qu'après être resté dix-huit ans à Autun.

Je me rends à Guise ; ma nouvelle place est importante, lucrative, demande peu de travail, mais exige l'esprit fiscal, parce qu'il y a un contrôleur général et des brigades qui ne demandent que playes et bosses, et des amendes dont le partage augmente les bénéfices.

Je succédais à un vieillard respectable et riche ; ayant perdu son fils, il se voua à la tranquillité.

Cet homme de bien me recommanda son commis. « Il est borné, me dit-il, » mais je l'ai formé et il entend bien la partie, c'est ce qu'il faut. »

Quelle était l'erreur de cet honnête homme ! il prit le masque pour la personne. Ce commis, qu'il croyait bête, n'était qu'un fourbe, livré à l'ivrognerie et à la plus infâme débauche, un scélérat dans toute la force du terme : c'est ce que l'on verra plus tard.

Je me plaisais beaucoup à Guise ; l'esprit y était cultivé, la société bonne, et point divisée, quoique les femmes ne s'aimassent guères : les jeux de société étaient à bas prix.

Une dame, bonne musicienne dont les filles chantaient avec goût, donnait souvent des concerts et j'en tenais la basse ; à la suite ordinairement on dansait ; ces bals peu dispendieux n'en étaient que plus agréables, parce qu'ils n'exigeaient aucun apprêt ni dépense.

Les officiers de la garnison répandaient de la gaieté. Les seigneurs châtelains recevaient parfaitement ceux qui leur faisaient des visites ; on y jouait même la comédie ; c'est moi qui ai donné l'idée de faire des théâtres dans une matinée avec des tonneaux, des planches et des décorations en charmille.

Un vieux lieutenant-colonel s'avisa de bougonner sur ce que les jeunes officiers se livraient à cette espèce d'amusement; je formai le projet de lui faire jouer la comédie, sans qu'il eût la peine d'apprendre son rôle, et j'en prévins les officiers du corps qui tous applaudirent. Le jour étant arrêté pour exécuter cette farce, on eut soin de mettre l'acteur en évidence. Voici le plan du dialogue. J'étais souffleur ; ce jour même en dînant, le vieil officier avait beaucoup loué ma complaisance. Le prélude de la pièce qui devait se jouer était un compliment flatteur qu'un jeune officier faisait aux dames. Il cherche un mot; je le souffle un peu haut. — Plus bas, monsieur ! — Volontiers. — Je le souffle une seconde fois. — Plus bas, vous dis-je ! — Monsieur, *la mi la* de vos ordres me parait un peu haut..... Mais n'importe..... Sa mémoire manque, je ne le souffle point. — Soufflez donc !....... — Je le souffle mal. — Le jeune homme se défère, frappe du pied et me dit : Quand on ne sait pas souffler, on ne s'en mêle pas. — Quand on n'a point de mémoire, on ne joue pas la comédie..... — Le vieux lieutenant-colonel pendant ce temps jouait la pantomime. Je pose le cahier et fais semblant de m'en aller; alors il monte sur le théâtre et sermonne le jeune homme qui le persifle avec respect et esprit ; l'humeur s'en mêle dans ce moment, on claque des mains, et l'on complimente le lieutenant-colonel sur ses talents dramatiques.

Il me fit en riant le geste de la menace et prit la chose très-bien. Le dénouement fut la délivrance d'un jeune officier aimable, mis aux arrêts pour une fredaine légère: une députation fut le chercher pour être témoin du spectacle, et danser après.

La ville de Guise, je l'ai dit, a une garnison de cavalerie ; voici un trait bien remarquable qui m'arriva après mon retour.

Douze cavaliers sortent pour aller chercher de la contrebande; ils tombent dans une embuscade de gardes, sont pris et conduits au poste, où il y eut rébellion et un employé blessé.

Le cas était très-grave; ces douze hommes étaient perdus s'ils fussent partis pour la commission. Je vis les suites de cette affaire : guerre à mort entre la cavalerie et les gardes, non-seulement pour ce régiment mais pour ses successeurs.

Les employés me rendaient compte lorsque l'état-major arrive chez nous ; je loue devant lui le zèle des employés, je trouve l'action brillante, je fixe le *rendez-vous* au lendemain, de très-grand matin, pour rédiger le procès-verbal et je leur ordonne de conduire les prévenus au château.

Le major me dit d'un air sombre qu'il s'attendait à un autre procédé de ma part et que le sacrifice de douze hommes fait avec autant de sang-froid démentait l'idée qu'il avait de moi. — Eh bien ! monsieur, vous êtes dans l'erreur ; tout ce que je fais est pour les sauver ; vous voyez que je les envoye au château et non en prison. Vouliez-vous que je désapprouvasse des gardes qui ont fait leur devoir ? Il faut appaiser cette affaire.

— Nous venons vous offrir de l'argent. — Combien ? — Cent louis. — Il y a un garde blessé. — Nous lui donnons cent vingt francs. — Soyez tranquilles, Messieurs, et faites-moi la grâce de venir demain déjeûner avec moi ; vous serez contents ou je me trompe fort. Je pars en poste pour Saint Quentin, je rends compte au directeur, je peins les suites affligeantes de cette affaire ; les cent louis l'attendrissent, il voit comme moi, consent à l'arrangement, et comme le contrôleur était absent, sur l'avis de son secrétaire, il s'en rapporte à ma prudence ; j'exigeai cependant qu'un de ses commis vînt avec moi, pour être témoin de ce qui se passerait. Les gardes arrivent ; je tire le capitaine à part et je le mets dans la confidence, il avait l'esprit juste et voyait avec peine une guerre ouverte entre un régiment (aigri par la haine) et ses brigades ; le parti que je prenais lui fit grand plaisir.

« Je suis sûr, lui dis-je, que la compagnie pour ne pas être aux prises avec le ministre de la guerre, ne désapprouvera pas ma conduite ; d'ailleurs j'ai carte blanche, un témoin intelligent de la direction, et rien ne porte sur vous ; laissez-moi faire et ne riez point, la plaisanterie que je prépare est très-sérieuse. — Je dicte le procès-verbal, l'uniforme du régiment est dénaturé ; tantôt la capture est *du sel*, tantôt le sel se métamorphose en *tabac*, on ne sait si les cavaliers ont pris les gardes, ou si les gardes ont pris les cavaliers ; c'était un salmis, bien écrit, de déraison assaisonnée d'un peu d'esprit, J'en ai envoyé copie à la compagnie avec ample lettre explicative, elle ne m'approuva ni ne me désapprouva par écrit, mais un jour, dînant chez M. *Couturier*, avec cinq ou six fermiers généraux, il me présenta et dit : *Voilà notre verbaliseur de Guise.* Ces Messieurs me dirent que je les avais fait beaucoup rire, et que ma prudence avait été appréciée comme celle d'Autun, dans une circonstance de la même nature.

L'état-major du régiment se rend à mon invitation avec les cent cinq louis convenus et je leur remets le procès-verbal. Maintenant, leur dis-je, Messieurs, requérez-en la nullité. J'avais prévenu les juges, tous me surent gré d'avoir sauvé douze hommes, et c'est un des beaux moments de ma vie.

Le contrôleur fort aise de bien vivre avec les officiers de la garnison confirma ce que j'avais écrit, et ajouta ses réflexions qui n'étaient que le développement des miennes. Cet officier de la ferme générale avait une manie bien singulière, celle de jouer le pauvre au sein de l'abondance. La tête de sa femme se dérangea et elle eut une mort funeste. Lui, sans cesse à la quête des *louis*, disait qu'il n'avait pas un sol, et faisait un étalage si piteux de sa situation, que l'on était tenté de lui offrir ses services.

Peu de temps avant sa mort, il exigea de mon amitié que je lui payasse un quartier d'avance, ce que je fis ; il meurt, son frère arrive avec beaucoup d'argent pour payer ses dettes, car il était comblé de lettres où la détresse était peinte avec des couleurs vives et le ton le plus déchirant.

On ouvre le secrétaire du mort, et on trouve cent rouleaux de vingt-cinq louis. Lorsqu'il avait dix-huit francs, il empruntait six francs pour avoir un louis ; quand il lui en manquait dix pour compléter un rouleau, il se disait aux abois. Je trace ce caractère, parceque je le crois unique dans son genre.

J'étais logé à Guise près du rempart, vis-à-vis une pelouse très-agréable ; arrivent deux cavaliers qui tirent le sabre, un troisième se blottit derrière un mur et ne se montre pas. Je prends une bouteille de vin et j'avance quelques pas. Mes amis, venez boire cette bouteille avec moi; il est bon, j'espère qu'il vous réconciliera. L'homme blotti (qui désirait que son camarade de lit succombât parce qu'il était vieux) me traita fort mal. — De quoi te... mêles-tu ?... tais-toi, ou.... Cela ne m'empêcha pas de continuer mon invitation. Les deux combattants s'approchent la pointe basse et causent ensemble sans paraître se quereller.

Pendant ce temps, le vieux lève doucement son sabre et le plonge de bas en haut dans le ventre de son adversaire. Le blessé fut une minute dans un état de stupeur, puis jetant son sabre qui resta fiché en terre, il fut poser son coude contre un mur. — Venez, mon ami, venez chez moi, je vous donnerai des secours. Il vint, monta assez lestement mon perron, mais il tomba et vomit; alors je vis que l'estomac était attaqué ; en effet, il était percé. Le chirurgien arrive, me dit bas : C'est un homme mort, et le fit transporter à l'hôpital où il mourut. Le lendemain, M. le duc de Sully, colonel, et son état-major se rendent chez moi. Nous vous connaissons, Monsieur, pour un homme vrai, l'objet de notre visite est de vous prier de nous révéler ce que vous avez vu; nous savons ce que vous avez fait, et nous vous en savons gré, votre maison est dans un lieu écarté, nous sentons vos craintes et les réflexions que vous pouvez faire; ce que vous nous direz restera de vous à nous, mais nous désirons savoir la vérité.

Monsieur le duc, j'ai vu deux hommes se battre sur cette pelouse et j'ai tâché sans succès de les réconcilier. — Comment se sont-ils battus ? — Avec leurs sabres. — Le combat vous a-t-il paru loyal ? — Je ne me connais pas en escrime. — Nous déciderons la chose si vous nous dites comment le coup à été porté. — Ce que je puis vous dire, c'est que celui qui l'a reçu était aussi près de celui qui l'a donné, que celui-ci l'était de son adversaire ; après avoir ri de l'explication, M. Duverdier, major, dit : M. Crommelin, sait que les morts ont toujours tort... Je vous avais prédit, Monsieur le duc, que vous ne seriez pas plus instruit en sortant de chez lui qu'en y entrant. — Les officiers savaient l'histoire par le témoin et ils me surent gré de ne point en avoir parlé ; la vérité est que ma propre sûreté demandait ce silence.

Je vivais très-bien à Guise sans faire beaucoup de dépense, et pour la première fois de ma vie, j'avais placé de l'argent chez un de mes parents. La société était bonne, agréable ; je n'étais qu'à cinq lieues de ma patrie et très-voisin de la campagne où ma femme passait les étés avec mon frère et ma famille; si l'on m'avait offert ailleurs une place beaucoup plus considérable, je l'aurais à coup sûr refusée.

Un jour, un ami vint me demander à dîner (sous la condition que nous serions en tête-à-tête) pour parler d'une chose qui m'intéressait.

Mon cher Crommelin, me dit-il, vous êtes volé par votre commis. — Cela ne se peut pas. — Cela est ; il était accablé de dettes, il n'en a plus; il tient la meilleure table de Guise, et il nourrit deux maréchaux-des-logis qui ne lui donnent presque rien ; il est ivrogne, et l'on ne boit chez lui que des vins exquis et des liqueurs à quinze et dix-huit francs la bouteille; s'il y a un bon morceau au marché, c'est pour sa femme, qui le paie sans marchander. — Il a de quoi vivre, son état d'huissier audiencier et ce que je lui donne suffisent. — Non... au reste, en ce moment il bâtit au bout de son jardin, et fait couvrir sa maison en ardoises. Tout le monde a les yeux sur lui, excepté vous. — Mon prédécesseur me l'a recommandé et m'en a dit du bien. — Il a été trompé ; cet homme est un fourbe d'autant plus dangereux qu'il joue la bête. — Je compte avec lui deux fois par semaine ; avec la compagnie, tous les mois ; je suis toujours à jour ; voilà mes livres, ils viennent d'être épluchés par le contrôleur ; jamais je n'ai reçu une lettre de reproches, ni du receveur-général, ni de la compagnie. — Mon ami, réfléchissez et longtemps; si vous n'êtes pas volé, cet homme a trouvé un trésor ou a des ressources que personne ne lui connaît; il est le fils d'un pauvre couvreur, sa femme, pleine d'orgueil n'achète que ce qu'il y a de plus beau et paye comptant. Les compliments qu'elle reçoit des maréchaux-des-logis, sont les prix de la bonne chère qu'elle leur fait faire. Au demeurant, j'ai rempli mon devoir d'ami, c'est à votre prudence à peser ce que je vous ai dit.

Lorsque je fus seul, j'examinai de près mes affaires et je trouvai tout en bonne règle. Je ne dormis pas, une idée lumineuse parut. Cet homme, me dis-je, ne solde-t-il pas l'année vieille avec l'année nouvelle ? comment vérifier ?

J'avais dans mon arrondissement plus de cent quarante collecteurs. Je fis trois états de paroisses et j'envoyai chez mes collecteurs trois hommes intelligents avec ordre de me rapporter la note exacte des paiements faits à compte de l'impôt, détaillée par numéros, dates et sommes.

Huit jours suffirent pour cette importante opération. Muni de ces pièces je passai deux nuits à comparer les paiements faits sur quittances avec les paiements enregistrés. Quel est mon étonnement ! je trouve une différence de dix-huit mille cinq cents francs.

Je gardai le plus profond silence, sans cesser de travailler. Lorsque je touchais aux papiers de mon commis, je faisais des marques avec de la craie pour les remettre absolument comme ils étaient.

Le coquin eut vent du voyage que j'avais fait faire ; je m'aperçus qu'il attirait chez lui ma vieille servante ; qu'il était plus assidu qu'à l'ordinaire ; qu'il avait l'air inquiet et travaillait beaucoup plus. Un jour après avoir dîné en ville, je rentre et m'assieds ; par hasard je vais ouvrir la porte d'un cabinet où l'on mettait les restes de ma table ; j'y trouve mon commis et sa femme. — Que faites-vous là ? — Monsieur, ma femme a désiré voir votre capucin. (Tableau). — Elle l'a vu vingt fois ; pourquoi vous cachez-vous ? — Nous avons cru que vous alliez sortir. — Mauvaise raison ; la curiosité n'est pas un mal. Ils sortent ; j'avais la tête échauffée ; mille idées se présentent ; je m'arrête à une seule, et sans vouloir l'éclaircir, je jette aux commodités tout ce qui pouvait se boire ou manger. Je sentais parfaitement que ma mort était un topique sûr pour ces coquins, et qu'ils me l'auraient imputée : mon plan fut de me tenir sur mes gardes, et j'ai été parfaitement secondé par la femme du cuisinier qui me servait. Une circonstance fortifie mon soupçon ; ma vieille servante tombe malade ; les bonnes sœurs de l'hospital s'en chargent, sa maladie est mortelle ; avant de mourir elle me fait appeler ; lorsque je fus la voir touchant à son dernier moment, elle ne put me dire qu'avec beaucoup de peine.... *Je suis une grande malheureuse; vous ne me pardonnerez jamais.... j'ai... j'ai... j'ai...* Le hoquet de la mort survint; elle mourut. Mais j'ai su que le vin et les liqueurs de mon commis l'avaient très-attendrie et qu'elle avait parlé d'une fortune qui l'attendait prochainement.

J'avais l'œil attentif, sans le faire paraître; un jour je surpris mon commis faisant un rouleau de quittances, au lieu de les mettre dans leur carton ; je n'entrai point ; un quart-d'heure après, je lui donnai une commission qui n'exigeait point de réponse ; il sort, je m'enferme ; je cherche le rouleau, je le trouve caché au fond d'un tiroir, je le prends et y substitue une liasse semblable.

Je veux ramasser quelque chose, le hasard me fait découvrir des crevasses dans le plâtre, remplies de papiers : c'étaient des quittances.

Je m'enferme, je travaille sans relâche, et je trouve pour près de dix-huit mille francs de quittances signées de sa main et rendues, par les collecteurs, aux comptes définitifs ; pas une n'est enregistrée sur mon livre de recette : l'idée me vient de copier ce livre en cas d'accident. Mon intention était de passer la nuit ; j'envoye deux exprès, l'un à Vervins, l'autre à Saint-Quentin, prier mes deux plus proches parents, de venir dîner avec moi, pour une affaire de la plus grande importance, qui ne peut absolument pas se différer, les priant de laisser leurs chevaux ou voitures dans les faubourgs. Ils arrivent : c'était jour d'audience ; je savais que mon commis ne viendrait que l'après-dînée. Il arrive, je le fais monter un escalier, et il trouve dans la chambre à côté de la mienne mes deux parents. — Nous avons un compte à faire ; voilà tous les livres, et voilà les sommes de tous nos arrêtés, voyez si l'addition est bonne ? — Combien les collecteurs redoivent-ils ? — Voyons... environ vingt-quatre mille francs. — Oui, selon votre livre de recette, mais voilà pour dix-huit mille francs de quittances signées de vous, qui ne sont point enregistrées ; où est cet argent ? — Il peut y avoir des erreurs. — J'en conviens ; mais pourquoi ces seules quittances non enregistrées étaient-elles dans des crevasses de murs et dans des trous de souris. Le coquin pleura et demanda sa femme, que j'envoyai chercher. L'un et l'autre se jettent aux genoux de mes parents et demandent grâce. J'étais calme, parce qu'il m'était impossible de me rien reprocher. — Quel arrangement proposez-vous ? — Nous rendrons quatre mille francs en quatre paiements, et nous abandonnons notre maison, avec prière de nous en accorder la jouissance. — Je le veux bien. — C'était le cas d'envoyer chercher un notaire, mais je fis l'acte qu'ils signèrent, le mari et la femme. Après leur avoir ôté la clef de la maison, je donnai ordre à ma servante de ne plus les laisser entrer, et je promis de me taire. J'avais des fonds placés ; mon parent qui avait servi de témoin me donne sept mille francs en assignats qui perdaient quinze pour cent, mais qui avaient cours dans ma recette. En vivant avec économie, je voyais jour à combler la brèche en totalité. J'en étais là lorsque le petit frère de mon cuisinier entre, essoufflé : « *Venez, venez, Monsieur, ne perdez pas un moment ;*

il se passe quelque chose que vous devez savoir. » Je suis le petit garçon, et je trouve la cuisinière sur un puits, qui me fit signe d'avancer sans bruit; le puits était mitoyen avec le bailly, et il avait une séparation en planches. Le bailly venait de déjeuner avec mon commis et tous deux étaient à peu près gris. . . . . .

. . . .

Vous avez eu tort . . . . . . de donner votre signature, et votre femme a fait une lourde faute en apposant la sienne. — Le cas était pressant, j'étais pris dans un piége. — L'acte est bon, mais nous le rendrons mauvais, on n'a pas écrit *fait double,* nous le considérerons comme *synallagmatique*; on le cassera.... Avez-vous enlevé le livre de recette ? — Oui, j'ai saisi le moment où il n'y était pas; j'ai dit à la vieille *Marianne* que j'avais laissé mon couteau, elle m'a laissé entrer et j'ai pris le livre. — Bon ! il n'y aura plus de point de comparaison, et nous le ferons passer pour un homme sans ordre. Voilà un grand point de gagné. Maintenant il faut porter plainte, et dire que Crommelin et ses deux parents vous ont mis des pislolets sur la gorge pour vous faire signer l'acte; ce moyen écartera les deux témoins, parce qu'ils deviendront parties. Je me charge du reste.... — Je demande maintenant quel est le plus scélérat du voleur ou du bailly du duché de Guise. Je pris le parti d'aller trouver un M.... S.... homme d'esprit, tantôt homme d'épée, tantôt homme de robe. Un bailly borné, et qui n'avait pas la confiance des juges, était ce qu'il lui fallait, parce qu'il menait seul toute la machine, et dirigeait tous les jugements selon sa volonté; aussi a-t-il fait fortune.

Celui-ci voyant son *mannequin* compromis, et aimant mieux se brouiller avec moi qu'avec lui, parut prendre de l'humeur. — Vous avez eu tort d'écouter. — Oui, si je m'étais caché; c'est le bailly qui a eu tort de prendre un puits où le son se propage, pour son cabinet. — Qu'alliez-vous faire là ? — Commander mon dîner; au reste, monsieur, je ne suis point sur la sellette; mais comme vous êtes la cheville ouvrière de la justice, j'exige que vous vous fassiez remettre le livre qui m'a été volé, sinon je porte plainte au criminel; je jouis d'une bonne réputation, j'ai trois témoins nécessaires, puisque la scène est dans l'intérieur d'une maison. — Le registre sera ici dans une heure, vous pouvez y compter. — J'y compte tellement, que je vais publier votre promesse.

Le lendemain, S.... me pria de passer chez lui, et d'apporter mes pièces; je m'y rends, et je le trouve seul. — Vous allez, me dit-il, voir le bailly et votre commis. — Pourquoi le bailly ? — Il est convenable qu'il y soit. Je connais votre vivacité; de grâce modérez-vous. — Je vous le promets, s'il est juge ; mais s'il devient conseil, je dirai sans réticence ce que je sais. Mes adverses parties arrivent; j'exhibe mon compte. — Où est le livre de comparaison ? dit le bailly. — Vous le savez. — Moi ! — Oui, vous. Il est dans les mains de Monsieur, qui l'exhibera, si je l'en prie, mais cela est inutile; en voilà la copie. Au lieu de vérifier les quittances sur le livre, nous vérifierons le livre sur les quittances, et comme il est question de mes affaires, mon écriture a plus de force que celle de mon commis. On ne s'attendait pas à cela. S..... voulait bien servir le bailly dans la personne de mon commis, mais il ne voulait pas se compromettre..... En ce cas, dit-il, voyons si les livres sont d'accord. On espérait trouver des erreurs; il n'y en avait pas, et je tenais ma copie pendant que S..... parcourait l'original. J'exhibe les quittances soustraites une à une, avec numéros et dates, aucune n'est enregistrée. — Voyons ces quittances, dit S.... Elles sont toutes de vous et voilà votre livre d'enregistrement... Où est l'argent ? — Je l'ai remis à Monsieur. — Cela ne se peut pas; tous les comptes arrêtés sont signés de votre main.

Pourquoi ces quittances étaient-elles dans des crevasses et des trous de souris ? Mon commis baissa la tête, mais le bailly dit : Il paraît que ce sont des erreurs. — Je prie M. le bailly de me dire s'il est juge ou partie; pourquoi faites-vous des observations, quand vous êtes ici pour écouter ? — Des erreurs ! dit rapidement S.... — Combien y a-t-il ? En voilà plus de cent, et j'en aperçois cinq ou six à la même date. De deux choses l'une, si vous n'avez pas les fonds, la coquinerie est claire comme le jour; si vous les avez, vous êtes un homme inepte. Après une décision si précise, je me retire; il était temps, ma tête bouillonnait, mes nerfs étaient crispés.

Le lendemain trois avocats de ma connaissance viennent me proposer de civiliser l'affaire. J'y consens pour brider ma vivacité, et ne pas faire pendre mon commis.

La conférence que j'avais eue avec deux juges et le coupable n'empêcha point que je ne fusse attaqué. Alors, il y eut injonction, avis ou prières à tous les gens de robe de ne pas travailler pour moi ; me voila forcé d'être mon procureur et mon avocat. Mon adversaire (avocat) vint très-poliment me trouver : J'ai une mauvaise cause, je le sais ; mais je commence ma carrière, il ne m'a pas été possible de refuser mon ministère au juge qui m'a choisi. Je vous préviens que personne ne travaillera pour vous, malgré l'estime dont vous jouissez... Le bailly d'un vaste duché est un homme bien redoutable pour les gens de notre état, au reste vous serez content de moi. — Eh bien ! Monsieur, je me passerai de tout le monde, je sais ce que c'est qu'un plaidoyer ; voilà *Cochin*, je l'ai lu ; il y a une marche connue, je ne m'en écarterai pas. Mes ennemis étaient aux anges du parti que je prenais, parce qu'ils croyaient que je m'emporterais, ou ferais des fautes de formes. Né laborieux, la tête pleine de mon sujet, trois jours et deux nuits suffirent pour griffonner mon brouillon et le mettre au net.

Je fus trouver un avocat de mes amis que j'ai aimé, que j'aime et que j'aimerai toujours; il me loua du ton calme que j'avais pris, me connaissant véhément. Il ajouta seulement, en marge, deux moyens de droit, fort courts, et me dit : « *Plaidez avec assurance, votre triomphe est certain* ; vous parlez avec feu, votre cause est personnelle ; l'énergie ne vous manquera pas. »

Le jour indiqué arrive, les premiers citoyens viennent me chercher, et je me rends à l'audience entre deux chevaliers de Saint-Louis ; la salle est pleine.

Mon avocat adverse parle le premier, il s'énonce bien et avec sagesse, mais ayant dit un mot sur l'acte de violence de mes parents, un brouhaha s'éleva et le fit virer de bord. J'observais les avocats ; tous levaient les épaules, et paraissaient indignés de ce qu'un fait prouvé était mis en question par l'iniquité des juges.

Je plaide à mon tour, mon organe s'étouffe un peu; plusieurs voix me crient : « Courage ! cela va bien ! ».

L'article des faits après mon exorde fut terrible, j'exhibai chaque pièce, on claqua des mains et le juge avait la bouche ouverte d'étonnement; ce n'était pas le bailly que j'aurais récusé, il le savait, mais un *pauvre diable*, esclave de *S*..... Tous les deux me voyaient et m'entendaient d'une chambre voisine de l'auditoire. On espérait me prendre à partie pour des personnalités ; je fus sage, clair et méthodique. S..... et le bailly s'apercevant de l'indignation générale, 1° sur la nature du procès, 2° de ce qu'ils n'étaient pas sur le siége, envoyèrent quelqu'un, qui parla à l'oreille du juge. Ils craignaient l'appel à un tribunal où je me serais exprimé avec moins de retenue. Je gagnai mon procès, selon mes conclusions, avec dépens.

Triompher du bailliage entier, dans son propre tribunal, n'était pas une victoire ordinaire pour un homme qui, de sa vie, n'avait eu de procès; absolument étranger à l'art d'écrire dans ce genre, et encore plus, à celui de parler en public ; tout le monde le sentit, et je fus embrassé par plus de cent personnes, avant de rentrer chez moi. Mais on dressa de nouvelles batteries. On mit à mes trousses tous les avocats de la ville, et les femmes les plus persuasives pour me relâcher de mes droits ; on fit même intervenir la mienne, à qui on écrivait. J'étais irrité, je sacrifiai ma vengeance, et je retirai à peu près vingt pour cent de ma perte. Le croira-t-on ? Mon commis garda sa place, et le public indigné fut obligé de l'employer. C'est ainsi que le bailliage d'un prince de sang adoré était géré par ceux à qui il accordait sa confiance. L'apôtre de la vérité aurait passé pour un imposteur s'il eut porté la moindre plainte.

Un jour, je rencontre S..... nez à nez dans un spectacle, il me regarde, je le fixe et ne baisse point les yeux. — Avez-vous quelque chose à me dire ? — Oui, — Où ? — A la porte. — Quand ? — Tout de suite. Nous sortons, je le mène près du rempart, très-peu éloigné. Un marchand de bas nous voyant venir se cache derrière un arbre pour nous écouter. — Vous êtes dans ce moment, Monsieur, homme d'épée ; j'ai la mienne, et vous avez la vôtre, je vous propose de nous couper la gorge. — Je ne puis dans ce moment, c'est demain jour d'audience, j'ai une grande affaire à rapporter. — Bon, c'est demain jour de grenier..... Chacun a ses affaires ; ce sera donc demain à trois heures dans le bois de... — Ha ! mon cher Crommelin, si vous saviez l'estime, le respect, la vénération que j'ai pour vous, vous cesseriez de m'en vouloir. — Propos de lâche, ou de fourbe qui sait faire le mal sans avoir l'énergie de le réparer. — Que vous ai-je fait ? — Une abomination, vous avez pris le parti du vice ; vous avez voulu me perdre, pour favoriser deux scélérats que vous connaissez aussi bien que moi, puisque vous avez des yeux et des oreilles. Au reste le vin est versé, il faut le boire, ou je vous crache au visage..... Demain à trois heures, j'aurai épée et pistolets ; apportez ce qu'il vous faut.

Je fus au bois, j'y vis le marchand de bas qui nous avait entendus ; mais M. *S.....* devenu homme de robe, ne parut point, et je n'ai jamais cessé de le mépriser. Ce fut lui, le bailly ou mon commis, qui m'accusèrent d'avoir soulevé un régiment; on verra plus tard comment je me suis tiré de cette affaire.

J'étais connu à Guise et dans les environs par des cures merveilleuses que j'avais faites avec un onguent de famille, donné il y a plus de cent cinquante ans par un médecin hongrois. J'en faisais deux fois par an, une assez grande quantité pour n'en refuser à personne de la ville ou de la campagne. Les cloux, les panaris, les apostèmes, les abcès, les maux de sein avec inflammation, se guérissaient infailliblement.

Un moissonneur à qui l'on voulait couper le pouce vint me trouver, huit ou dix jours avant la moisson : je l'ai guéri en une semaine.

Une femme avait un mal de sein très-violent; probablement c'était du lait engorgé et corrompu. Je palpai le sein en plusieurs endroits, et je m'aperçus qu'il y avait une inflammation interne ; je lui donnai de l'onguent et du cuir. Deux jours après, je vois venir cette femme appuyée sur deux personnes. La frayeur s'empare de moi... elle entre. — Monsieur, je n'en puis plus ! — Qu'est-ce que c'est ? — Votre onguent ! Je viens mourir chez vous. Je la fais asseoir, je lui fais respirer de l'alcali volatil ; dans l'instant je vois mon parquet couvert d'une matière blanche ; la femme se lève, et dit : je ne souffre plus. A la vérité, elle laissait partout des traces d'un pus fétide qui coulait comme une fontaine ; j'envoye chez elle chercher du linge, je la laisse avec les deux femmes, je reviens quand elle est habillée; son sein avait percé par dessous, et la malheureuse retourna chez elle guérie. Continuez l'onguent, lui dis-je; il fera sortir ce qui peut rester, et fermera la playe après la suppuration.

On allait couper à l'hôpital la main d'une fille de campagne, négligée, gangrenée, enflée, à l'épaisseur au moins de quatre pouces (cette maladie s'appelle dans le pays le *fourchet* ; j'en ignore le nom technique); les scalpels, grattoirs, scies, etc., étaient en évidence, lorsqu'une malade cria de son lit : Avez-vous vu M. Crommelin ?

Animée par un léger rayon d'espoir, la malheureuse saute à bas de son lit, traverse la salle, enfile la porte, la rue, un pont, gagne le rempart et arrive chez moi, comme une perdrix poursuivie par un épervier. Je la crois folle et la repousse. — On veut couper ma main; de grâce, Monsieur, ayez pitié de moi. — D'où venez-vous ? — De l'hôpital..., l'espérance m'a donné des forces. J'examine sa main. Il y a bien du mal, mon cher enfant ; mais nous ne courons aucun risque de faire une expérience ; je suis sûr au moins d'arrêter le progrès de la gangrène.

J'enduis fortement le cuir de deux gants ; je pose quatre emplâtres dans l'entre-deux des doigts (où la peau est tendre), et je couvre toute la main du surplus ; je prie ma servante de lui donner un jupon, et je la conduis moi-même chez une voisine qui, pour de l'argent, lui prêta son lit. Quelques heures après, elle sentit des douleurs terribles. Tant mieux, disais-je, la sensibilité revient avec la circulation. Epuisée, elle s'endort. Vers les sept heures du soir, on vient me chercher, c'était la malheureuse fille qui voulait me voir. — Ah ! que j'ai souffert, mon cher Monsieur, j'ai dormi un peu et je me trouve bien soulagée ; mais, pendant mon sommeil, je n'ai pu retenir, je suis dans l'ordure. — Voyez ce que c'est, dis-je à la femme chez qui je l'avais mise. La main avait crevé et deux gobelets de pus, dans le lit, avaient causé son erreur, Je la fis changer, j'examinai ; il y avait deux issues ; la chair n'était plus livide, et les playes me parurent d'un rouge vif. — Mon enfant, lui dis-je, vous conserverez votre main ; dans trois jours, vous retournerez chez votre maître, et dans peu vous serez rétablie. Mes pronostics se réalisèrent, et la pauvre fille a fait la dépense de plusieurs messes pour remercier Dieu et son bienfaiteur, dont tout l'avantage est resté au curé.

Ce fut à cette époque que l'hôpital me demanda la recette de mon onguent; je la lui donnai, et il s'en est toujours servi très-utilement, même pour les coups de sabres et d'épées, si communs dans les villes de garnison.

Le croira-t-on ? Le chirurgien qui voulait couper la main de la malheureuse fille, parla de m'intenter un procès, parce que j'exerçais la chirurgie. On lui rit au nez.

Il est certain que les chirurgiens de Guise n'allaient plus en campagne sans être munis de mon onguent, et j'ose croire que depuis mon absence, sa réputation ne s'est pas démentie : on l'appela onguent Crommelin.

J'ai cru faire un présent à l'hôpital de Saint-Germain en lui donnant ma recette, mais les médecins des environs de Paris n'aiment pas les remèdes donnés par des particuliers, fussent-ils les meilleurs possibles ; je doute très-fort que l'on ait fait l'essai du remède. C'est ainsi que du temps de Louis XIV, on appelait *fou* celui qui prenait de l'émétique, parce que la faculté ne l'avait pas encore admis ; c'est ainsi que *la vaccine* trouve encore des contradicteurs, malgré les succès les mieux constatés.

Ce fut en 1789 que la Révolution française commença par la deuxième assemblée des Notables, la première n'ayant rien produit. L'enthousiasme fut presque général, mais j'ai senti, j'ose le dire, ce qu'il allait devenir par l'interprétation que la populace donna aux mots *liberté* et *égalité*. Un nouveau contrôleur des fermes générales arriva vers cette époque; il se nommait *Beaufils*, et Guise était sa résidence à cause des frontières. Chargé d'une famille nombreuse, et ne trouvant pas un logement qui lui convint, il loua le vieux château de Wiége, village de la Thiérache, situé à une lieue et demie de la ville ; ce château et ce village appartenaient à M, le Comte de Lamark.

Voici un événement assez frappant qui m'arriva en 1791.

Madame de Beaufils m'ayant invité à plusieurs reprises à aller dîner avec elle, je m'y rendis à pied, un dimanche matin. Ne trouvant point de canne, l'idée me vint de prendre mon épée et de m'en servir comme d'un bâton. Nous allons à l'église ; les paysans avaient un air sombre ; le bedeau passe près de nous sans nous présenter la patène. En sortant de l'église, ils se rassemblent dans le cimetière à côté duquel était un fossé. On m'arrête pour me prier de lire un décret qui venait d'arriver.

Bonne nouvelle ! leur dis-je ; jusqu'ici vous avez payé le sel quatorze sols, le voilà réduit à six sols, — Nous le voulons à un sol. — La chose ne dépend ni de vous, ni de moi..... Mes amis, soyez sages ; votre intérêt y est attaché ! Il peut vous survenir une *grêle*, une *disette*, un *incendie*, le gouvernement ne viendra pas à votre secours, si vous vous faites mal noter... — *Jettons-le dans le fossé*..... Le fossé était fort large, et contenait peut être six pieds de boue liquide et fétide. Je mets mon épée sous mon bras et la tire à peu près au tiers pour voir si elle ne tenait pas au fourreau. — *Arrachons lui son épée*. — La voilà; que le plus hardi vienne la prendre. — Alors, je me retirai avec Beaufils à pas très lents ; quinze paysans me suivirent, mais quand ils marchaient trop vite, en me retournant seulement, ils s'écartaient. Un orateur de la troupe (c'était le fils du maire) déclare que je suis sorcier, que j'ai tiré du feu du bout de son nez, que le cordon de ma sonnette l'a mordu, que j'ai allumé un pétard au fond d'un sceau d'eau, que j'ai fait courir des canards de liége dans l'eau avec un morceau de fer, que j'ai écrit son nom avec du feu, que j'ai allumé une allumette sans briquet, que je les ai menacés de la faim, de la grêle, que cela est en mon pouvoir, enfin que j'ai mes poches pleines de mèches pour mettre le feu au village. Sur cet exposé, on conclut qu'il faut m'assassiner quand je passerai par le bois pour m'en retourner.

Je me rends chez Beaufils. — Je prévois, Madame, qu'il y aura du tapage ; je resterai avec vous jusqu'à demain. — Non, nous ne pouvons vous offrir un lit; d'ailleurs, vivant dans le pays nous n'avons rien à craindre. Vous partirez de bonne heure parce que les jours sont courts ; voilà le capitaine *Blain* qui vous accompagnera. — Nous partons un peu tard; arrivés au bois, le soleil se couchait. Blain me fait observer, à cent pas au plus, trois hommes armés de fusils. Je m'arrête. — Ce ne sont pas des voleurs, ils ne se montrent pas; ce ne sont pas des chasseurs, ce sont donc des paysans qui ont de mauvaises intentions ; si nous retournons, je vois du danger; si nous entrons dans le bois, ces trois hommes se cacheront et nous attendront. Il n'y a pas deux partis à prendre, il faut fondre sur ces coquins-là.... Puis-je compter sur vous ? Je marche le premier ; paraissez avoir un pistolet à la main, moi, j'ai mon épée. Nous croisons ainsi le chemin en dialoguant, et je vois les trois assassins prendre la fuite ; sans doute ces sauvages Thiérachiens, me croyant sorcier, ont pensé que j'avais le diable dans ma poche. Ce trait digne de Don Quichotte a été raconté à Mme Lemaire, mon hôtesse, par Beaufils lui même, qui, dans le temps de la terreur est venu à Saint-Germain me demander à dîner.

Le sel fixé à six sols, l'importation n'en était plus permise, mais le mot *liberté*, faute d'acception déterminée, était plus fort que les lois. Voilà pourquoi le Savoyard auquel je donnais vingt-quatre sols pour frotter ma salle, voulut avoir douze francs, et pour les obtenir, tira contre moi un couteau que je lui arrachai des mains. Il ameute le peuple ; ma maison est cernée ; je me présente et dis : Messieurs, Mesdames, il y a cinq ans que ce savoyard travaille pour moi au prix de vingt-quatre sols pour une heure; voilà douze francs qu'il me demande; si vous trouvez la chose juste, ayez, je vous prie, la bonté de les lui remettre. » Quatre ou cinq minutes après, une assez nombreuse compagnie m'apporta dix livres seize sols, et me dit qu'on avait fait justice du Savoyard. Je ne pris point l'argent pour prouver qu'il n'entrait pas dans la question. Si j'avais argumenté, peut-être aurait-on pillé ma caisse... Voilà le peuple.

On a avis que trente voitures de sel blanc vont arriver à Guise ; j'étais de garde, et c'est précisément moi, que l'on place sur un pont avec consigne de m'opposer à leur passage. Elles arrivent, j'arrête la première au bout du pont, pour avoir de la marge. Les trente rouliers me menacent avec leurs bâtons ferrés, et veulent me jeter par dessus le pont; je les couche en joue et les contiens par un mouvement rapide qui les pointait tous alternativement; la populace des faubourgs se met de la partie : je reste dans cette position un demi-quart-d'heure qui me parut bien long; enfin le capitaine vint ordonner de laisser passer, et me relever de faction ; marchant avec lui, il me dit à l'oreille : « *Ne couchez pas ce soir chez vous.* » J'étais l'ami de M. Ricard, major de la place qui demeurait dans le château, espèce de citadelle. Le soir il me donna un habit d'invalide, et je sortis de la ville avec une patrouille, mais je fus reconnu par une sentinelle, qui en passant, me serra la main. Je n'ai jamais su qui était cet ami. La nuit était très-obscure, et ce ne fut pas sans beaucoup de peine que je gagnai la campagne où était mon frère. Les loups sont très communs dans cette partie de la France, et j'avoue que je les craignais autant que les hommes. Il fallait, d'ailleurs, traverser plusieurs petits ponts, sans rampes, difficiles à trouver; je fus invité très-honnêtement de revenir à mon poste ; je m'y rendis, mais je n'étais pas au bout de mes disgrâces.

Les villes de Guise et de Vervins se disputaient le siége du district ; les Thiérachiens sont méchants, l'animosité se mit de la partie; Vervins leva une légion de quinze à dix-huit cents hommes pour venir saccager Guise. Malheureusement le capitaine général des fermes résidait à Vervins, et il est entraîné malgré lui. Plus malheureusement encore, il est aperçu par des Guisards ; on en fait un crime à *Beaufils*, contrôleur général, et on nous soupçonne tous deux d'avoir des relations avec les ennemis ; si nous étions sortis de la ville, à coup sûr on aurait tiré sur nous. — Le bruit court que nous avons des dépôts d'armes ; on vient faire des perquisitions, on ouvre les armoires, on visite nos paillasses, on ne trouve rien et le bourdonnement cesse. Croirait-on que le Savoyard dont j'ai parlé était l'auteur et le moteur de ce mouvement?

Un atôme corrompu gâte la masse du sang. J'étais tenu de payer quinze brigades, et je n'avais pas de fonds; il leur était dû plusieurs mois, et chaque employé devait ; on les chassait de leurs logements, on les traquait, on leur refusait du pain, de la farine, du bois, et il faisait froid.

L'humanité me fait voler à leur secours, à mes risques, périls et fortune ; je me rends caution de leurs dettes jusqu'à concurrence de ce qui leur est dû, et je les fais rentrer chez eux.

Depuis l'origine des assignats, je n'avais pas pu les payer en papier, il fallait que j'achetasse de l'argent ; j'en ai fait part aux autorités compétentes ; cette cause fut plaidée par les fermiers-généraux qui travaillaient avec le ministre *Lessart*, et il me fut assuré que sur le livre d'escompte bien en règle, ces frais me seraient payés ; ils le furent par M. *Tarbé*, qui, appréciant ma conduite, mes procédés et ma confiance, a joint (à la sollicitation des fermiers-généraux) une gratification qui m'indemnisait d'une partie de mes pertes.

Voici la lettre que la compagnie m'écrivit :

« L'estime, Monsieur, que vous vous êtes acquise par votre conduite, votre courage, votre humanité et votre confiance dans notre justice, nous a déterminé à en rendre compte au ministre. Nous vous annonçons avec la plus grande satisfaction que votre réclamation pour escompte d'assignats montant à 3,326 fr. a été admise, et comme vous avez éprouvé quelques pertes, nous ferons avec intérêt ce qui dépendra de nous pour vous procurer une indemnité.

« Votre écrit sur la *gabelle*, son origine, l'étimologie du mot et ses vicissitudes a été lue avec plaisir, etc., etc.

Signé : PUISSANT, SAINT-AMANT, COUTURIER.

Je dois dire que la compagnie regardait ses préposés comme ses enfants. Qu'une régie est différente ! Malheur à celui qui la sert, s'il a une âme sensible ; sur vingt qui parviennent aux grades supérieurs, il y a dix-huit hommes féroces, que le mot humanité met en fureur :.. Saisissez... — C'est un malheureux qui ne demande qu'un peu de temps pour payer. — Saisissez, vous dis-je, et puis *la nation, le gouvernement, la loi* qu'il déshonore et fait haïr, deviennent les prétextes de sa cruauté.

Le département de l'Aisne me tracassa beaucoup. En me refusant des bons de masse qui m'étaient dévolus et autres émoluments, il en forma un débit de quatre mille francs que j'ai été obligé de payer en argent. Ce débit a été trouvé injuste par les commissaires liquidateurs, mais je ne l'ai pas moins perdu, car le remboursement réduit au trentième et payé en assignats ne valut pas un écu ; ainsi les mots : *on va te payer* étaient une dérision.

Le département ne voulut pas recevoir une masse énorme de billets de dix, douze, quinze et vingt sols que je n'avais pu refuser en paiement du sel, sous peine d'être massacré dans mon grenier par une populace effrenée qui ne parlait que de lanterne et d'assommoirs.

Je me rendis à Paris, et je vis au moins dix fois M. Clavière, sans obtenir une solution.

Le hasard me fait dîner avec un de ses commis et je lui parle de mon affaire. — Dites-moi, je vous prie, Monsieur, si le ministre des finances aime les vers ? — Non, Monsieur, il les déteste. — J'en suis fort aise; demain, je lui présente ma pétition en vers. — Je vous dis, Monsieur, qu'il ne les aime point. — C'est précisément pour cela, cette manière de demander me paraît nouvelle. — Des nouveautés réussissent assez souvent.

Le lendemain je me rends à l'audience du ministre; pour me trouver seul avec lui, je reste le dernier, et je lui présente ma pétition écrite sur une feuille de papier à lettre, j'avais envie de l'écrire sur une carte. Il la prend, sourit et me toise des yeux. Voici la pétition :

Cesserai-je bientôt de vous importuner ?
L'argent s'en va, j'ai fort peu de ressource ;
Avec le meilleur droit, j'épuise ici ma bourse;
Votre bonté, Monsieur, ne peut m'abandonner,
Ici dans un taudis, la dépense est extrême,
Etre pauvre à Paris, est un destin affreux,
Rendez-moi le bonheur, qui fuit devant mes yeux,
Et ne me laissez pas me dévouer moi-même.

— Voilà la première fois que je reçois une pareille pétition. — En ce cas, j'ai gagné mon procès. — Comment cela ? — Parce que vous daignez m'écouter; il y a six semaines que j'aspire après ce bonheur. — Vous êtes un homme singulier? Suivez-moi... Je le suis. — Que me demandez-vous — Une ligne, Monsieur. — Quelle est-elle ? — La voici : *Finissez sans délai l'affaire Crommelin,* et daignez mettre en tête le nom de votre secrétaire. Il hésita, me regarda, sourit et dit après avoir réfléchi un instant... Allons!... puis me remettant un papier, il ajouta : Allez chez M. un tel.

On ne *citoyennait* pas encore. Je me rends chez la personne, elle me paraît étonnée... Je connais cette affaire... Tout de suite, monsieur ? — Il ne faut que six lignes au département qui lui enjoigne ou l'invite à prendre les papiers que j'ai reçus en paiement du sel que j'ai vendu. — Vous êtes expéditif, Monsieur. — Vous l'êtes trop vous-même pour désapprouver l'activité. — Quand voulez-vous cela ? — Je ne vous presse pas, Monsieur, mais tout-à-l'heure si vous le voulez bien... Le secrétaire part d'un éclat de rire... Revenez, Monsieur, dans deux heures. Probablement il voulut causer avec le ministre.

Je revins, la chose était faite de la manière la plus satisfaisante. Le lendemain je fus remercier le ministre et lui offrir mes services ; comme il travaillait alors avec les fermiers-généraux, et qu'il s'était amusé de ma manière de solliciter une affaire sérieuse, on leur apprit que j'étais l'homme qui avait fait fuir trois assassins ; qui, nouvel *Horatius Coclès*, avait seul défendu un pont et qui avait dérobé quinze brigades à la fureur du peuple.

Le tendre neveu dont j'ai déjà parlé, qui était alors au Corps législatif, acheva de le bien disposer pour moi ; mais jamais service n'eut de suites plus cruelles ; c'est ce que l'on verra dans la quatrième partie de mes mémoires.......

(Séance de la Société Archéologique du 7 mars 1873.)

www.ingramcontent.com/pod-product-compliance
Ingram Content Group UK Ltd.
Pitfield, Milton Keynes, MK11 3LW, UK
UKHW032033260826
14628UKWH00006B/2924

9 782019 924553